"Annesi Mutfakta bir sürü yiyecek var!"
diye bağırdı.
"Ama sakın kırmızı acı biberleri yeme!"

"Plenty of food in the kitchen!" shouted her mother.
"But don't eat the red hot chilli!"

Lima bir şeyler atıştırmak için mutfağa gitti.
Kahverengi tüylü bir hindistan cevizi buldu.
Ama ceviz çok sertti.

So Lima went to the kitchen for a nibble.

She found a hairy brown coconut
But it was just ... too hard.

Parlak samosa börekleri
... çok soğuktu.

The shiny samosas
Were just ... too cold.

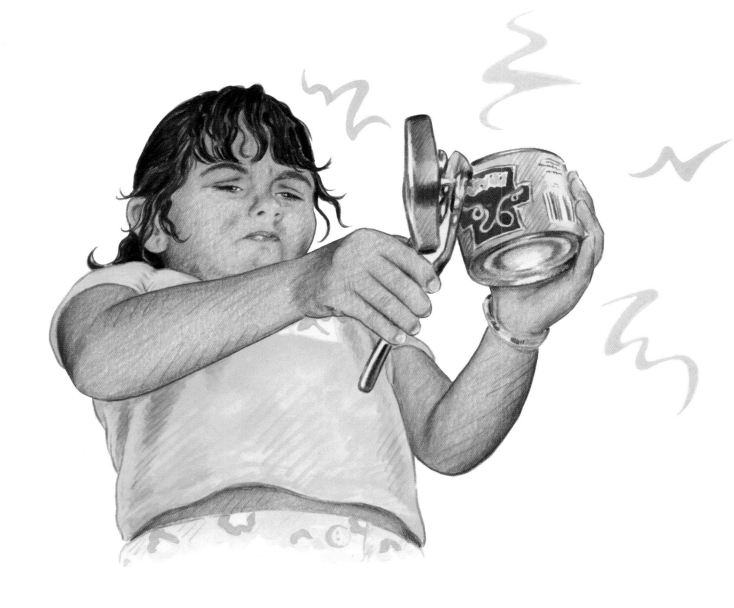

Spagetti konservesi ...
onu açması çok zordu.

The can of spaghetti
Was just ... too difficult.

Ve yapışkan şekerler
Onlar da Lima` nın ulaşamayacağı kadar yüksekteydi.

And the sticky sweets
Were just ... too high up for Lima.

Sonra birden onu gördü
Şu pek lezzetli, parlak, kırmızı … şey!
KIRMIZI ACI BİBER.

Then she saw it.
The most delicious, shiny, red … thing!
The RED HOT CHILLI.

Sessizce ve gizlice
Lima onu ağzına attı.

Quietly and secretly
Lima popped it into her mouth.

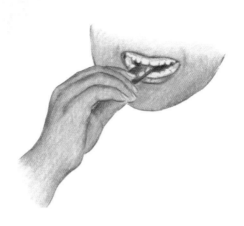

Hart!

Crunch!

Fakat sırrını uzun süre saklayamadı!

But she could not keep her secret
very long!

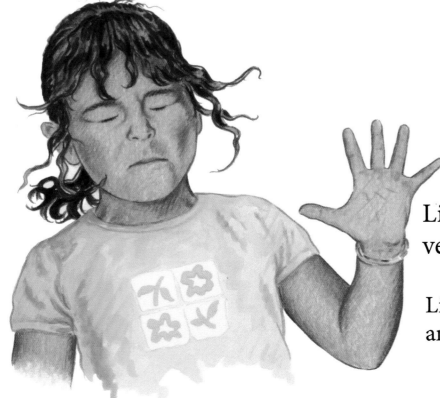

Lima` nın yüzü gittikçe kızardı
ve kızardı ve ...

Lima's face got hotter
and hotter and hotter and ...

... ağzından havai fişekleri etrafa saçıyordu!

...fireworks flew out of her mouth!

Annesi yardıma geldi.
"Su, su, biraz su iç!"

Her Mother came to help.
"Water, water, try some water!"

Lima bir bardak buz gibi su içti.
İyi gelmişti ...
Ama ağzı hala yanıyordu!

So Lima swallowed a whole glass of cold cold water
Which was nice ...
But her mouth was still too hot!

Sonra yardıma babası geldi.
"Dondurma, dondurma, biraz dondurma ye!"

Then her Dad came to help.
"Ice cream, ice cream,
try some ice cream!"

Lima kaşıklar dolusu
buz gibi dondurma yedi.
Çok güzeldi ...
Ama ağzı hala yanıyordu!

So Lima ate dollops of freezing ice cream
Which was lovely ...
But her mouth was still too hot!

Sonra yardıma teyzesi geldi
"Jöle, jöle, biraz jöle ye!"

Then her Aunty came to help.
"Jelly, jelly, try some jelly!"

Lima tepelerce titrek jöleyi yedi.
Pek lezzetliydi ...
Ama ağzı hala yanıyordu!

So Lima ate mountains of wobbly jelly
Which was yummy ...
But her mouth was still too hot!

Sonra yardıma büyükbabası geldi.
"Mango, mango biraz mango ye!"

Then her Grandad came to help.
"Mango, mango, try some mango!"

Lima kocaman sulu bir mangoyu yedi.
Enfesti ...
Ama ağzı hala yanıyordu!

So Lima ate a whole juicy mango
Which was delicious ...
But her mouth was still too hot!

Son olarak yardıma büyükannesi geldi.
"Süt, süt biraz süt iç!"

At last her Grandma came to help.
"Milk, milk, try some milk!"

Lima koca bir sürahi dolusu soğuk süt içti.
Sonra yavaşça ...

So Lima drank a huge jug of cool milk.
Then slowly…

Lima`nın yüzünde beyaz bir gülümseme belirdi.
"Ahhhhhh!" dedi Lima. "Bir daha mı kırmızı acı
biber asla."
"Ohhh!" dedi herkes.

Lima smiled a milky smile.
"Ahhhh!" said Lima. "No more red hot chilli."
"Phew!" said everyone.

"Şimdi" dedi Lima`nın annesi, "karnın hala aç mı?"
"Hayır" dedi Lima, karnını tutarak. "Fazlasıyla doydum!"

"Now," said Lima's Mum, "are you still hungry?"
"No," said Lima, holding her belly. "Just a bit full!"

For Lima, who inspired the story
D.M.

To all the Brazells and Mireskandaris,
especially Shadi, Babak & Jaleh, with love
D.B.

First published in 1999 by Mantra Lingua Ltd
Global House, 303 Ballards Lane, London N12 8NP
www. mantralingua.com

Text copyright © David Mills 1999
Illustrations copyright © Derek Brazell 1999
Dual language text copyright © 1999 Mantra Lingua
Audio copyright © 2011 Mantra Lingua

This sound enabled edition published 2013